Herz und Hirn

Bruce Springsteen hat es auf den Punkt gebracht: „Wir haben mehr von einer drei Minuten langen Single gelernt, als in der ganzen Schulzeit." Der gesamte Popdiskurs der letzten 30 Jahre lässt sich mit diesem Satz auf den Punkt bringen. Denn anders, als es uns die neomarxistische Theorie und die neuen Kulturstudien weismachen wollen, geht es in der Popkultur nicht um Konsum oder Ideologie. Es geht um Bildung – allumfassende Bildung.

Mit der Popmusik erfuhren wir alles über *nasagenwirmal*: zwischenmenschliche Umgangsformen. Im Fernsehen konnten wir mitverfolgen, was für ein dreckiges Handwerk Kriege sind. Über die Größe und wunderbare Unterschiedlichkeit der Welt informierten uns die alten Bücher von Karl May. Und Comics wie „Tim und Struppi" oder „Pit und Pikkolo" (wie „Spirou" in den Heften des Kauka Verlages hieß). Und wenn man Glück hatte, dann erwischte man einen kleinen Zipfel der großen Kunst und hangelte sich daran wie an einer Perlenschnur durch diese große bunte Welt: vom Volkstümlichen zum Elitären, vom restringierten zum elaborierten Code und wieder zurück.

Über die Jahre ging dieser „sense of wonder" verloren. Wir wurden erwachsen. Wir merkten, wie sehr sich Menschen gegenseitig verletzen können, auch wenn sie sich mögen. Fernsehen, Musik und Comics wurden Teil eines merkwürdigen Erklärungsversuchs, der angeberisch Diskurs genannt wurde. Nur noch selten entdeckt man als Erwachsener diese Mischung aus Herz und Hirn, die einen nach wie vor davon tragen kann: Patrick O'Brians Aubrey-Maturin-Serie, jene Romane um den heißherzigen Entdecker Captain Jack Aubrey und den kühlköpfigen Erklärer Stephen Maturin, war so ein Fall. Einige Folgen der letzten „Star Trek"-Serie „Enterprise" hatten diesen Geist. Und dann eben – ich weiß: Für so eine kurze Einführung komme ich erst spät zum Thema – Alexis Martinez' und Gunther Brodheckers „Ricardo Castillo".

Ursprünglich für das Jüdische Museum Frankfurt entstanden, erlebte die Serie in veränderter Form eine Veröffentlichung in der Frankfurter Allgemeinen Zeitung (irgendwann sollte der Kollege Andreas Platthaus eine Auszeichnung für seine Verdienste um die deutsche Comicszene bekommen). Und so sehr ich die anderen Künstler in der F.A.Z. – Reinhard Kleist und Ralf König, Flix und Volker Reiche – schätze, „Ricardo Castillo" gewann auf Anhieb mein Herz. Es war genau diese Mischung aus Hergés klarer Linie und den zeitlosen Figuren eines Will Eisner, die Legierung aus Abenteuer, Humor und ernsthaften Hintergründen (Castillos back-story bricht einem einfach das Herz), die man so selten findet. Ich bin auch bis heute ein Facebook-Buddy von Ricardo, auch wenn mir nicht ganz klar ist, wie er seine Nachrichten aus dem Jahr 1749 in das soziale Netzwerk von heute transportiert.

Leider existieren bisher nur diese drei Storys um Ricardo Castillo. Die Geschichte müsste dringend weiter erzählt werden. Aber wenn Sie auf den Spuren der Herren Martinez und Brodhecker diese Welt entdecken möchten: Ich könnte Ihnen da die Neuübersetzung von „Der letzte Mohikaner" von James Fenimore Cooper empfehlen. Oder Thomas Pynchons Roman über die Entdeckung Amerikas, „Mason & Dixie". Oder die wunderbare Gesamtausgabe von Will Eisners „The Spirit"...

Lutz Göllner

„Komplimente sind uns am liebsten"

Das folgende Interview erschien im Januar 2011 zum Start der Reihe „Ricardo Castillo" in der F.A.Z. Hier eine leicht gekürzte Fassung – mit freundlicher Unterstützung der ComicRadioShow

ComicRadioShow: Herr Brodhecker, Sie stellen uns Ihren Comic unter dem Motto „Ricardo Castillo – Jude, Abenteurer und Facebook-Freund" vor. Was steckt dahinter?

Martinez/Brodhecker: Hinter unserem Helden Ricardo steckt tatsächlich einiges. Und vieles enthüllen wir so nach und nach. Zunächst einmal ist Ricardo ein Abenteuerheld. Sein Logbuch – „Das Tagebuch des Ricardo Castillo" – beginnt im Jahre 1749 und es erzählt von Abenteuern, die er in Neufrankreich, heute Kanada, besteht. Soviel zum Abenteurer Castillo... Dann ist Ricardo Castillo ein ehemaliger Spanier, den die spanische Inquisition Jahre vorher in Sevilla verfolgt hat. Er lebte dort als zwangskonvertierter Christ mit jüdischem Hintergrund. Soviel zum Juden Castillo. Dass Ricardo Castillo auch ein Facebook-Freund ist, kann jeder erleben, der sein Profil auf Facebook besucht. Irgendwie scheint der Gute einen Weg gefunden zu haben aus dem Jahre 1749 in die Gegenwart zu kommunizieren. Wie? Fragen Sie nicht uns, fragen Sie ihn, am besten online.

CRS: Was bedeutet Ihnen speziell die „jüdische Identität" Ihres Abenteuerhelden?

M/B: Das Thema „jüdische Identität" ist für unseren Helden tatsächlich nicht einfach. Castillo ist konvertierter Christ, die Spanier nannten diese Art von Christen „Marranen". Diese standen unter besonderer Beobachtung der spanischen Inquisition. Wer – wie Ricardo Castillo – versuchte seine jüdische Religion heimlich zu praktizieren, der stand unter Lebensgefahr.

CRS: Was möchten Sie vermitteln?

M/B: Vor allem wollen wir unterhalten! Die Leute zum Mitfiebern, Lachen, Miterleben bringen. Schön wäre es, wenn der Leser sich von der Geschichte mitnehmen ließe – eben durch die Mischung aus Humor, Spannung,

Der gleiche Held – ein anderer Strich: Ricardo Castillo in einem frühen Entwurf. Die Autoren präsentierten 2009 die Idee des spanisch-jüdischen Abenteurers bei der Ausstellung „Superman und Golem" im Jüdischen Museum Frankfurt. Später entschieden sich die Schöpfer, ihren Helden im klassischen „Ligne claire"-Stil auf die Reise zu schicken.

Gefühl und Action... Wenn man so will, gibt es in der Geschichte auch Botschaften, die man als Leser mitnehmen kann. Aber die darf jeder für sich finden.

CRS: Wie sind Sie und Zeichner Alexis Martinez eigentlich an diesen Job für die F.A.Z. gekommen – Bewerbung, persönliche Kontakte oder gar Bestechung?

M/B: Die Geschichte, wie unser Held in die F.A.Z. kam, ist gar nicht so mysteriös. (...) Wir hatten das Glück, innerhalb der Comicausstellung des Jüdischen Museums in Frankfurt „Superman und Golem" zwei Grundideen präsentieren zu dürfen. Eines der Projekte war „Ricardo Castillo". Die F.A.Z. hat damals, 2008, die Ausstellung publizistisch begleitet. Hier kam es zum Kontakt. Zwei Jahre lang haben wir dann die Figur und die Geschichte weiterentwickelt.

Und das hat letztlich dazu geführt, dass wir „Das Tagebuch des Ricardo Castillo" in seiner jetzigen Form im Feuilleton der F.A.Z. präsentieren dürfen. Wir sind uns bewusst, dass das eine Ehre ist, und wir sind einfach sehr dankbar für diese Chance.

CRS: Welches Arbeitskontingent steht nun bevor und auf wie viele Abenteuer kann sich der Leser freuen?

M/B: Das kann heute noch niemand sagen. Wir haben Stoff für viele weitere Abenteuer. Die Figur und seine Welt sind so unglaublich reich. Die Geschichten fliegen uns so zu. Wir sind selbst immer ganz erstaunt, was in Neufrankreich 1749 so alles passiert ist oder hätte passieren können.

CRS: Wie sind die ersten Reaktionen der F.A.Z.-Leser?

M/B: Wir bekommen sehr positive Rückmeldungen. Sicher nicht jeder, aber doch viele mögen schlicht den „Ligne claire"-Strich. Jetzt, da die Geschichte voranschreitet, bekommen wir zunehmend auch gutes Feedback, was die Figuren und die Story angeht. Es ist toll, dass wir über Facebook und die Seite sehr direkten Kontakt zum Leser haben. Wir erfahren sehr schnell, was die Leute so bewegt. Dann kommen Fragen wie: „Was hat das mit dem Helm auf sich?" oder „Wird das Baby überleben?" Es macht natürlich Spaß zu sehen, dass die Leute so mitgehen.

CRS: Warum ein Abenteuer im Stil der „Ligne claire"?

M/B: Da gibt es viele Gründe dafür. Wir sind große Liebhaber des „Ligne claire"-Stils und wir fanden ihn perfekt für Ricardo und seine abenteuerlichen Reisen. Der Strich verwandelt jeden noch so erwachsenen Leser wieder ein kleines bisschen in ein Kind. Der Strich selbst hat einen abenteuerlichen Charakter. Und er ist für fast jedermann zugänglich. Wir wollten einen Comic, der Freude macht und sich dem Leser öffnet. Und da hilft der Strich.

CRS: Wie sind Sie – Alexis Martinez – eigentlich zum Comiczeichnen gekommen?

Martinez: Ich zeichne schon seit frühester Kindheit. Als ich 1984 mein erstes Tim und Struppi-Album „Der geheimnisvolle Stern" bekam, wusste ich, dass ich Comiczeichner werden wollte. Damals wollte ich schon einen Comic in der Schneewelt zeichnen.

Dass es unser Ricardo in die F.A.Z. geschafft hat, da erfüllt sich für mich ganz persönlich ein Traum.

CRS: Könnte man zu den Abenteuern des Ricardo Castillo auch mit einem gedruckten Album rechnen?

M/B: Das werden wir ziemlich oft gefragt und das freut uns. Wir finden: Der arme Castillo kann nicht immer nur im Norden von Neufrankreich rumirren. Der braucht auch mal ein Zuhause. Zum Beispiel zwischen zwei Buchdeckeln. Dürfen wir uns noch persönlich an Ihre Leser wenden?

CRS: Aber natürlich!

M/B: Wir möchten Euch einfach gerne einladen, Ricardo Castillo noch persönlicher kennenzulernen. Am meisten Spaß macht da sicher Facebook. Alleine im Profil von Castillo stecken einige Geheimnisse. Es gibt auch eine Gruppe unter dem Namen „Das Tagebuch des Ricardo Castillo". Da plaudert Castillo öfter mal aus dem Nähkästchen. (…)

Wir freuen uns über jeden Kommentar… Naja, die Wahrheit ist: Komplimente sind uns am liebsten. (Lachen)

Die Geburt eines Helden:
Ricardo Castillo in verschiedenen Studien.

Das Tagebuch des Ricardo Castillo

Alexis Martinez
In Erinnerung an meine Eltern.
Für Rocio und
für meinen Sohn Ricardo.

Gunther Brodhecker
Für meinen Vater.
Für Manuela, Alma und Lasse.

FOOOM!

Mein Gott. Wieder der gleiche Traum.

Na, alter Junge! Wachst du über mich?!

14. Juni 1749
Unseliger Traum reißt mich aus dem Schlaf.
Wieder einmal. Umso dankbarer bin ich für
diesen Auftrag. So Gott will, wird er mir
helfen, die Schatten der Vergangenheit zu
bannen. Meine Mission, Gebiete nördlich
von Quebec zu kartographieren, führt mich
in diese eisige Region.

Irgendwo auf einem entlegenen Handelsposten...

Woher hat er ihn?

Fragen Sie ihn, woher er diesen Helm hat.
Fragen Sie ihn, was er dafür haben will. Ich möchte ihn kaufen!
Er sagt, dass der Helm schon seit vielen Jahren im Besitz seiner Familie ist.

Er will dafür Ihre Muskete.

Muskete gut!

Verzeihen Sie bitte, ich habe Sie gerade beim Handeln beobachtet. War das Ding wirklich diesen Tausch wert?

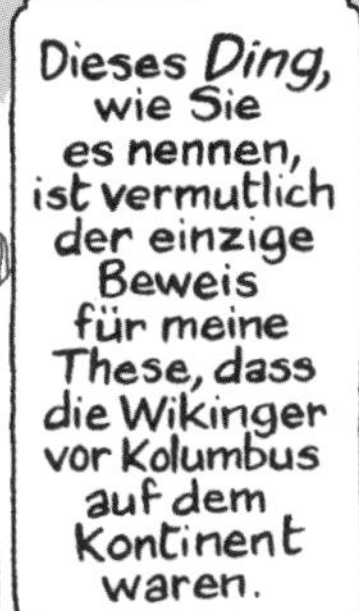
Dieses *Ding*, wie Sie es nennen, ist vermutlich der einzige Beweis für meine These, dass die Wikinger vor Kolumbus auf dem Kontinent waren.

Tut mir leid. Ich wollte Sie nicht kränken. Der Helm ist Ihnen bestimmt sehr wichtig.

PFFFF..
HA HA HA HA

Ha Ha Ha!... Nein, mir tut es leid. Verzeihen Sie.
Er reagiert immer etwas impulsiv, wenn er über seine wissenschaftlichen Aufzeichnungen redet.
Dann sind Sie also Wissenschaftler?!
Nein, ich leite diesen Handelsposten.
Mit der Wissenschaft beschäftige ich mich in meiner Freizeit. Wenn Sie das interessiert, erzähle ich Ihnen heute Abend beim Essen mehr davon.

Übrigens, Beauchaump mein Name!
Danke für die Einladung. Und ich bin Ricardo Castillo, Kartograph!

Bis heute Abend!

RWAF

Das habt Ihr Euch verdient !

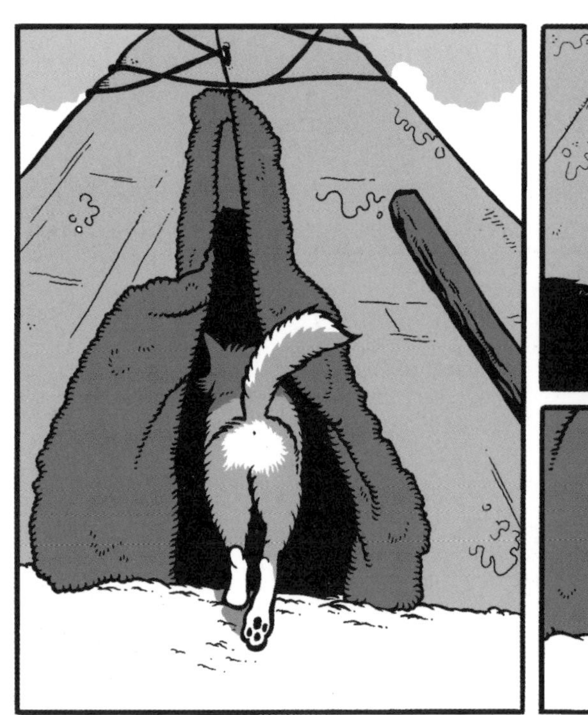

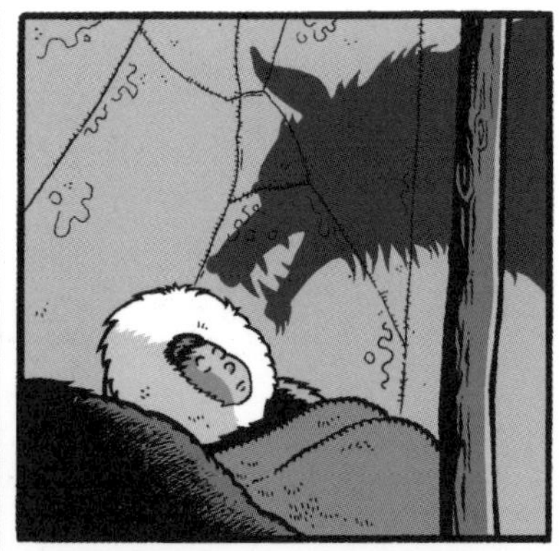

GRRR

WUAAH!
AAAAH!

Am Abend.

Die Wikinger waren Pioniere der Seefahrt.
Es ist erstaunlich, wie gut sie ohne Kompass auf langen Seereisen ihren Kurs halten konnten. Durch präzise Beobachtung des Polarsterns ermittelten sie ihre geographische Position in der Nordsüdrichtung. Den Breitengrad bestimmten sie wie einst Pytheas nach der Länge der Tage und Nächte.

Beeindruckend! Aber was genau bringt Sie zu der Vermutung, dass die Wikinger tatsächlich hier waren?

Vor wenigen Jahren traf ich hier in der Nähe auf eine Gruppe von hellhäutigen Eskimos, deren Erscheinungsbild auf skandinavische Blutsverwandtschaft schließen ließ. Ich vermute daher, dass es hier früher eine Wikingersiedlung gab. Durch die klimatischen Veränderungen waren sie wohl gezwungen, ihre Lebensweise umzustellen.

Nanu, was ist denn das für ein Lärm da draußen?
BUMM
BUMM
POCH

Tronchet, was geht hier vor?
Ein Wolf hat eines der Eskimokinder verschleppt, und nun wollen sie zum Trauern Branntwein.

Was werden Sie tun?
Das will ich Ihnen sagen: Ich werde nach dem Kind suchen! Vielleicht ist noch nicht alles verloren.

Ich komme mit.

Einige Zeit später.
Puuh... Nur eine kleine Verschnaufpause... Keuch... dann können wir weiter.

Also, zu meiner Zeit... Keuch... waren Wölfe langsamer.

Da... da oben ist der Wolf.

Großer Gott! Er hat das Kind noch in seinen Fängen.
Lasst mich schießen! Dieser Wolf verdient es von mir persönlich erledigt zu werden!

PANG
Hoffentlich ist dem Kind nichts passiert.
Das Kind ist weg! ...Es muss in diese Spalte gerutscht sein, als der Wolf es fallen ließ.

Ich geh' jetzt da runter.
Seien Sie vorsichtig, junger Mann!

Ächz... Ich bin nicht müde. Ächz...

Ich hab mich nur zurückfallen lassen, ... Keuch... um den Wolf zu täuschen!

Gott sei Dank! Das Kind lebt!

Donnerwetter, das ist ja... unglaublich!

Oh, verehrter Beauchaump. Schön, Sie zu sehen!

Verflucht... das mit dem Heldentum kommt für mich wohl 30 Jahre zu spät.

Alles in Ordnung! Das Kind ist wohlauf. Aber hier ist etwas, das Sie sich unbedingt ansehen müssen. ... Schauen Sie mal da rüber!
Donnerwetter!

Tronchet! Lassen Sie alles stehen und liegen! Kommen Sie runter. Sofort!
Was gibt es denn?

Oh, mein Gott, das ist ja...
... ein Wikinger!
... Womit Ihre Theorie bewiesen wäre.
Donnerwetter! Dass ich das noch erleben darf.

Urnf!
Ugh!
Das ist der letzte Beweis: Meine Wikingertheorie ist richtig! Wer ist schon Christoph Kolumbus? Pah, ein verirrter Seefahrer! Bald weiß die Welt: Der wahre Entdecker Amerikas heißt: Jean Pierre André Beauchaump!

Wie nun, verehrter Freund, ich dachte, die Wikinger?!

Um Himmels willen: Bloß nicht widersprechen! Das gibt nur noch mehr Worte!

Stunden später.

Den Wolf habe ich mit einem Schuss... Sie wissen schon... Und das Baby... Da war eine Felsspalte... Ich spring da rein... Gerettet! Ja, sicher lebensgefährlich... Ich kenne keine Angst... Wie schon gesagt: Ich bin nicht der Typ, der gerne über seine Heldentaten redet.

Ach ja, und warum hab' ich dann dieses Ohrensausen?
So gönnen Sie ihm doch seinen Triumph! Er ist nun mal der Entdecker Amerikas...

HOHOHO!
HAHAHA!

Meine Herren, ich habe heute Geschichte geschrieben. Und Ihr durftet dabein sein! Aber spart Euch die Worte des Dankes...
Wollten wir uns bedanken?
Nicht, dass ich wüßte.
... Ich werde diesen Wikinger hier morgen untersuchen, sobald er aufgetaut ist. So denn, eine gute Nacht!
Morgen ist ein neuer Tag für neue Entdeckungen!

Am nächsten Morgen.

Verschwunden!

Aber das ist doch unmöglich!

Unmöglich? Eben nicht, bei den Insekten der Arktis habe ich ähnliches beobachtet. Sie verfallen in eine Art Froststarre und erwachen erst wieder zum Leben, wenn es wärmer wird.

HAHAHA!... Die Natur hat uns einen bösen Streich gespielt.

Unmöglich!... HAHAHA! ...Zu komisch, wirklich!

HAHAHA!... Sie hätten Ihr Gesicht sehen sollen... HOHOHO!... Nein, wirklich zu komisch!

HIHIHI... Wenn ich so weiter lache, machen die Herren gleich Bekanntschaft mit meinem Frühstück... HÖHÖHÖ!
Ich glaube, er verliert gerade den Verstand.

Aber warum lachen Sie?...
HIHIHI!... HAHAHA!

... Sie haben gerade ein sensationelles Beweis-stück für Ihre Wikinger-Theorie verloren.
HOHOHO!

Weshalb ich lache? Weshalb wohl... Ha ha ha... Weil ich sonst doch nur weinen könnte.

Entschuldigen Sie, aber Ihr komischer Helm ist auch weg!
HAHAHA!

Mit dem Wikinger wanderte an diesem Tage auch Beauchamps Theorie von der Entdeckung Amerikas ins Eis. Der liebe, eitle Beauchamp tat mir von Herzen leid.
Die letzten Tage waren wie im Fluge vergangen: Beauchamp, Tronchet, der Wolf, das Baby, der Mann im Eis... All dies hatte mich von meinem düsteren Sinnen über Vergangenes abgelenkt. Für einige Tage plagten mich keine Albträume. Die Schatten, besser gesagt: die Flammen der Vergangenheit, ließen mich einstweilen in Frieden. Und doch wusste ich, dass sie mich zuletzt wieder einholen würden. Was ich an diesem Tage noch nicht wusste: Die Vergangenheit wartete auf mich – nur eine Tagesreise entfernt. In Form eines Abenteuers, so wild und aufregend, wie es sonst nur in Büchern zu finden war.

Zwei Tagesreisen später.

Ich weiß, Freunde, Ihr habt Hunger. Aber hechelt nicht so laut. Sonst beißen sie nicht.

Wau!

Was ist das?

PAW

... der Rauch, die Flammen. Unweigerlich kam mir meine eigene Vergangenheit in den Sinn.

Neu-Frankreich? Ist das das Ende der Welt, Papa?

Nein, mein Sohn. Sie nennen es die Neue Welt.

Du hast recht gehabt, mein Liebster. Alles ist gut!

In Neu-Frankreich, so schien es, würden unsere bescheidenen Träume von Freiheit und Arbeit in Erfüllung gehen.

Jedoch, es kam anders...

Ein Waldbrand?

Großer Gott!

Ich muss...

FOOOM!

Ahhh!
Was ist das? Ist die Bande etwa doch noch hier?

Ahhh! Meine Felle...

Die Dutreaux-Bande!
Sie sind fort! Ganz ruhig.

Meine Felle ... Ahhh!
Halten Sie durch ... **Bitte**.

„Und der Rest ist Schweigen".

Ruhe sanft, Unbekannter!

Mit dem Fremden begrub ich an diesem Tage auch eine Illusion. Ich würde nie vergessen können, dass ich damals meine Liebsten nicht hatte retten können. Die Folter der spanischen Inquisition, heißt es, sei unerträglich. Ob sie wohl schlimmer ist als die Folter meiner unverzeihlichen Schuld?

Am Abend.

Wenn dunkle Gedanken meine Seele aufwühlen, beruhige ich mich mit Lektüre. Nichts lenkt den Geist besser ab als neue wissenschaftliche Erkenntnisse: der Verlauf der Gestirne, die Gedankenmonumente der Philosophen und vieles mehr. So vergesse ich alles um mich herum und werde schließlich unglaublich...

... müüüüde! Gähhhhn...

der Traum
vom Fliegen

Gute Nacht, Ihr treuen Hunde!

zzzZ!

zzzZ!
CRACK!

zzzZ!
WAU!
WAU!

WAU!
WAU!

Ricardo!
Papa!

Es tut mir so unendlich leid! Bitte, glaubt mir!... Das wollte ich alles nicht!
WAU!
WAU!
WAU!

Puh!... Gott sei Dank, hat mich das Gebell der Hunde aus diesem entsetzlichen Traum...
WAU! WAU!

Die Hunde! ... Irgendwas scheint da draußen zu sein.
WAU! WAU!

Nanu, ... wen haben wir denn da?
Ricardo Castillo, die Herren. Und mit wem habe ich das... (schluck)... Vergnügen?

Es würde eine fröhliche Nacht. Der ältere Dantonbrüder kannte die besten Witze südlich des Nordpols. Und sein kleiner Brüder, der fast doppelt so groß war, sang mit einer Inbrünst wie sie sonst nür Kinder kennen.

Am nächsten Morgen.
Na, Bruderherz, wonach hälst Du Ausschau: Elfen, Trolle oder wieder nur Vögelchen?

Ui, ein Eisvo... vo.. o.. o..

o.. oh.. ohh.. ohhh... ohhh... ohhh... die Du.. Du.. Du.. DUUU.. DU.. DU.. DU.. DU..

Himmel noch mal, wenn Du es nicht SAGEN kannst, dann SING es!!!

Die Dutreauux Bandeee!

Dutreaux? Die Pelzdiebe?
Nicht irgendwelche Pelzdiebe. Die übelsten Pelzdiebe des nördlichen Amerikas! Man sagt, sie machen...

?!
FLOP
ZISCH
PANG

... keine Gefangenen!

HOoo!

Oh, Herr! Lass'es **bitte** nicht das sein, wonach es aussieht.

Nein!

Gnade uns Gott! Hier geht es nicht weiter.

Die Dutreauux Bandeee! Sie kommen immer näheeeer!
Verflucht noch eins, **Goldkehlchen**. Wenn Du stotterst bist Du mir lieber.

ZISCH
PANG

Oh, **NEIN!** Wir sind verloren!
„Es wäre besser für uns, den Ägyptern zu dienen, als in der Wüste zu sterben."

Es ist vorbei!

Nehmen wir **Abschied** von diesem Leben!

Nehmen wir **Abschied** von diesem Leben!

Nein, dieses Mal nicht.

Nein!!! Javier, mein Junge. **Dieses Mal nicht!**

Nicht schiessen! Heute will ich etwas Spaß haben!
Schön festhalten!
Eins... zwei...

... und DREI!
AHHH!

ZWIP!

WUSCHHH!
Es funktioniert! Castillo, Ihr seid der Herr der fliegenden Felle!

Ich fliege wie ein Eisvo.. o.. o..
Oh, Goldkehlchen! Halt den Schnabel und genieß die Aussicht!

SCHLÜRF!
SCHLECK!

19. September 1749
An der nächsten Station verabschiedete ich mich von den guten Danton-Brüdern. Seltsam, ich hatte kaum einen Tag mit diesem ungleichen Paar verbracht. Und doch waren sie mir ans Herz gewachsen. Das Glück würde uns sicher bald wieder zusammenführen.

Als ich dann Richtung Westen aufbrach, gingen auch meine Gedanken auf Reisen: Die Dutreaux-Bande, das Grab des Fellhändlers, Spanien...

Plötzlich wurde mir klar, dass die Begegnung mit den Dantons ein Geschenk des Himmels war. Mit dem „Flug der Felle" hatte ich nicht nur die Brüder gerettet. Ich hatte auch beim Schicksal einen Teil meiner Schuld beglichen.

„Denn wer ein Leben rettet, der rettet die ganze Welt".

In diesem Augenblick fühlte ich: Mein Junge und meine Frau waren bei mir! Sie würden immer bei mir sein. Ich war vielleicht kein Held. Aber ich wollte der beste Ricardo Castillo sein, der in mir steckte. Die beiden sollten stolz auf mich sein!

Auf der eisigen Hochebene nahmen die Hunde Fahrt auf. Ich wusste, jedes Abenteuer konnte das letzte sein. Ich konnte nur hoffen, dass es nicht das nächste war...

Zwei Tagesreisen später.
Verehrter Freund! Da seid Ihr ja!! **Pünktlich,** um mich auf die **große** Expedition zu begleiten...

Expedition? Ich wollte eigentlich ein paar Tage Ruhe...
Paperlapapp! Die Nordwest-Passage ruft! Ich habe einen **Plan!**

Ihr wollt tatsächlich den **Seeweg** zwischen atlantischen und pazifischen Ozean finden? Das ist eine Herkulesaufgabe...
Mit anderen Worten: Eine Aufgabe wie für **mich** gemacht!

Was ist los?

JEAN PIERRE ANDRÉ BEAUCHAUMP
ENTDECKER DER NORDWEST-PASSAGE

Ist das **Euer** Denkmal für die Nordwestpassage?... Aber wir sind ja noch **nicht** einmal aufgebrochen?!

Ich **werde** die Nordwest-Passage **finden!** Das schwöre ich, beim Leben meiner **Urenkel!**
Aber er hat doch noch nicht einmal **Kinder?**

Mit diesem Gefährt werde **ich**, äh, wir die Nordwest-Passage entdecken!

Seht hier, ich nenne es "Propeller." **Da Vinci**, dieser italienische Phantast, wollte ein Fluggerät damit bauen.

Pah! Dabei ist der Propeller wie geschaffen fürs Segeln!

Verstehe... dann treibt dieser Propeller mit seinem Wind das Segel an. Und... **wer** treibt den Propeller an?

Ganz einfach: Immer **der**, der fragt!

Freunde, wir sind gut vorangekommen.

Höchste Zeit für unser Nachtlager.

CASTILLO, das müsst Ihr gesehen haben! Dieser Tronchet, unglaublich!

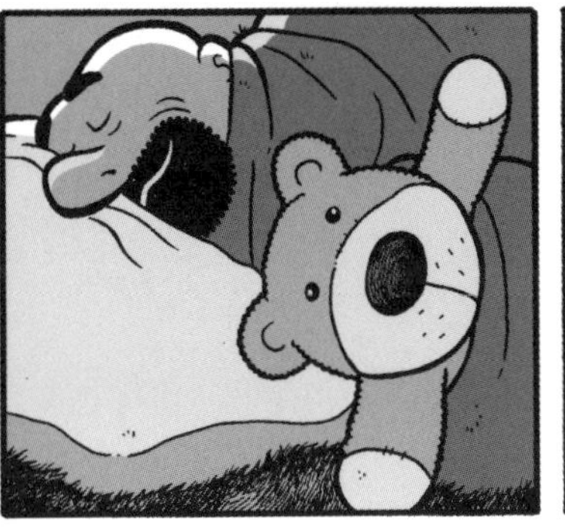

Ein Baum von einem Mann! Und er schläft mit einem **Bären**!
zzZZ

Ausgerechnet mit einem Bären...

Vor uns, Steuerbord: **Ein See-ungeheueur!**

Ein Ungeheuer? Gott hilf!

Ruhig Blut. Das sind Tiere, die in den Tiefen der arktischen See leben. Kraken und ähnliches. Alles andere ist Seemannsgarn…

Da taucht es auf!

KRAK

Fffeh ich jetzt auch aufff bie ein Fffeeungeheuer?

Und ich hätte schwören können…

Verfluchter Eisberg!

Aber keine Bange, ich schieße uns den Weg frei.

WUMM!

Unglaublich... ich habe ein Gefährt der Wikinger entdeckt. Der endgültige Beweis für meine Wikingertheorie!
KRAK!

Jetzt erfährt die Welt, dass es die Wikinger waren, die Amerika entdeckten.

Endlich! Juchhe!
BLUB

Der Ruhm ist mein!
BLUB

BLUB

Es tut mir so leid.

BLUB

So sagt doch etwas. Sagt was... Nur ein einziges Wort!!!
Blub!

Oh, **Grazia**...

Killekillekillekille...

Ohhh, Grazia... hihihi...

du bist ein böses, **böses** Mädchen.

Meine Freunde, es ist so weit!

Ich kann es förmlich riechen.
Wir sind da!

Hinter diesem Felsen liegt unser Ziel. Die Nordwest-Passage ist bezwungen!

Komisch, sieht aus wie zu Hause.

Wir fuhren im Kreis. Ich wollte es Euch längst sagen Jedoch Eure Begeisterung...

Ich werde niemals berühmt werden!

Als Narr werde ich in die Geschichte eingehen.

Schulkinder werden über mich lachen...

Wozu überhaupt leben? Wenn ich doch der Welt nie etwas bedeuten werde!

Ich wünschte, ich wäre...

Vier Tage, und wir haben nicht einmal seine Nasenspitze gesehen.

Ich mache mir Sorgen um unseren Freund. Dass er sich nur nichts antut.

BOOMM
KLIRR

Guter Freund! Natürlich war das schwer für Euch. Die Nordwest-Passage... all das. Aber das ist doch kein Grund, sich...

Die Nordwest-Passage? Wen interessiert das? Wir haben andere Ziele!
Haben wir?

Wir fliegen zum Mond!

Ich habe einen Plan! Ihr werdet Euch wundern! Was sag ich: Die Welt wird sich wundern!